AF232590

OPINIONS ET JUGEMENTS

DE LA PRESSE PARISIENNE

SUR

L'AUMONIER DU RÉGIMENT

OPÉRA-COMIQUE EN UN ACTE

PAROLES DE

MM. DE LEUVEN ET DE SAINT-GEORGES

MUSIQUE DE

M. HECTOR SALOMON

Représenté pour la première fois sur le Théâtre National-Lyrique,
le 14 Septembre 1877.

Sous la Direction de M. A. VIZENTINI

PARIS

A L'AGENCE INTERNATIONALE DES AUTEURS, COMPOSITEURS ET ECRIVAINS

THÉODORE MICHAELIS, ÉDITEUR

45, RUE DE MAUBEUGE, 45

Propriété pour tous pays. — Droits de Traduction et de Représentation réservés.

Pour le Libretto, la Musique et la mise en Scène,

S'ADRESSER A L'ÉDITEUR.

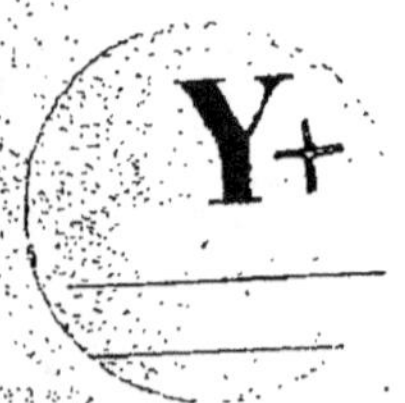

OPINIONS ET JUGEMENTS

DE LA PRESSE PARISIENNE

SUR

L'AUMONIER DU RÉGIMENT

LE FIGARO, samedi 15 septembre.

Mais voyez l'ironie de la destinée... des premières représentations! c'est l'*Aumonier du Régiment* qui, venant en queue, et défilant sans prétention, a attrapé le succès et l'a gardé! M. Hector Salomon a brodé des refrains de caserne très-vifs et très-agréables à l'uniforme d'un vaudeville, cent fois applaudi, de MM. de Saint-Georges et de Leuven, et le musicien, n'ayant pas d'autre ambition que d'être amusant, a été pris au mot. Mieux vaut un pont-neuf tourné ou retourné avec esprit que... rien. Outre force couplets, M. Salomon a écrit un trio d'excellente musique bouffe. La pièce est jouée plaisamment et chantée suffisamment. A propos d'uniforme, Grivot a trouvé le sien à ce théâtre : il y tient rondement l'emploi des *trials,* qui s'en était allé avec la gaieté et avec la vie théâtrale du pauvre Sainte-Foy. S'il ne chante pas beaucoup, Grivot dit avec finesse et bonne humeur : témoins le forgeron de l'*Aumonier* et le meunier de *Giralda.*

BÉNÉDICT.

Les personnes qui assistaient avant-hier à la représenta-

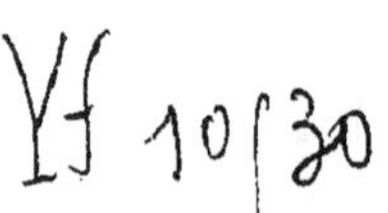

tion de l'*Aumonier du Régiment* se souviendront toute leur
vie du succès qu'elles ont fait aux deux couplets de M. Grivot,
quand Carlo, se voyant sur le point d'être supplanté par un
soldat qui a une jambe de bois, fait valoir ses qualités, à lui,
pour obtenir la main de Marie. Voici les charmants couplets
où il détaille les mérites de sa personne :

I

Un beau jeune homme très-complet...
Vingt-sept printemps et fort bien fait,
Une chevelure soyeuse,
Une bouche aimable, rieuse,
Un regard doux, tendre et malin,
Un front d'ivoire, un nez très-fin...
Un jouvencel à son aurore,
Qu'au pays chaque femme adore...
Vous ne devinez pas encore ?...
Regardez-moi, car j'ai fait
Mon portrait !...

II

Un vrai mouton pour la douceur,
La colombe en fait de candeur,
Timide comme une gazelle,
Sage comme une demoiselle,
Et rougissant pudiquement
A l'aspect d'un sexe charmant...
De plus, à celle que j'adore
J'apporte un cœur à son aurore,
Un cœur tout neuf, et mieux encore !...
Voilà, voilà, trait pour trait,
Mon portrait !...

Jules PRÉVEL.

LE GAULOIS, 15 septembre.

L'Aumonier du Régiment est une vieille pièce du Gymnase,
dont on a fait un opéra-comique. Elle n'a rien perdu à cette
transformation. M. Hector Salomon a brodé sur ce thème

un peu vieillot, mais d'une gaieté aimable, une partition vive, légère, sautillante et qui, par instants, a le diable au corps.

Ce petit acte est bien interprété par Mme Caisso-Sablairolles, MM. Lepers et Gresse, et par M. Grivot, à qui toute la salle a fait un succès brillant et qui est en passe de devenir le plus amusant et le plus fin des trials.

Georges.

LA FRANCE, 15 septembre.

L'opéra-comique joué hier est tiré d'une vieille comédie bien vantée par nos pères et représentée le 1er octobre 1835 au Palais-Royal, avec Achard, Lhéritier, Alcide Tousez et Mlle Pernon.

Il y avait, à cette époque, des airs nouveaux de M. Bruguière.

Bruguière?... Bruguière?... Oh! la gloire!

En 1877, c'est Hector Salomon, un des chefs de chant de l'Opéra, qui a mis en musique cette berquinade aimable. Le jeune maître s'en est tiré avec goût et avec esprit. C'est vif, alerte, sans prétention, tout en marquant, pour les connaisseurs, le savoir et l'expérience.

Les couplets de Marie : « Ce bon garçon est une bête », les couplets bouffes de Carlo : « Un beau jeune homme », la romance de l'aumônier, la marche et le chœur des soldats, ont produit beaucoup d'effet.

On a même bissé les couplets bouffes, dits de façon saisissante par M. Grivot.

A côté de cet excellent trial, Mme Sablairolles a obtenu aussi son succès : elle est fort charmante.

MM. Lepers et Gresse manquent non de bonnes intentions, mais de légèreté : ils pèsent sur tous les effets.

Désormais M. Salomon va être noté et visé par les directeurs, comme un de ceux qui écrivent le plus clairement et le plus spirituellement.

M. Vizentini n'a donc pas perdu sa soirée, puisqu'il a produit de nouveaux compositeurs. Nous le remercions de remplir si bien son devoir et de faire pour la musique ce que l'Odéon a la mission de faire pour la littérature.

Henri de LAPOMMÉRAYE.

LA LIBERTÉ, 15 septembre.

Qui de nos lecteurs ne connaît l'*Aumônier du Régiment*, la charmante comédie que l'été dernier le Gymnase reprenait pour ses matinées dominicales?

M. de Leuven y a ajouté quelques couplets, duos, trios et chœurs, et a confié la musique de ce bijou à M. Hector Salomon.

L'*Aumônier du Régiment* se passe dans une forge, comme *Pierre Gendron*. Nous avons trouvé là Mlle Sablairolles, la charmante artiste qui a épousé il y a quelques jours son camarade Caisso. Auprès d'elle il faut citer Grivot, l'amusant Grivot, dont les couplets ont été bissés. Chacun ignorait jusqu'à ce jour que Grivot joignît à son talent de comédien celui plus rare de chanteur. M. Halanzier lui-même en était étonné; aussi nous nous expliquons pourquoi le directeur de l'Opéra, placé dans une loge de face, prenait sans cesse des notes.

Grivot à l'Opéra? Qui sait!

La soirée d'hier a été un succès pour tout le monde: auteurs, artistes et directeurs; nous le constatons avec le plus vif plaisir.

LÉLIO

LE MONDE ARTISTE, samedi 15 septembre.

L'*Aumônier du Régiment* est une vieille pièce qui date du beau temps où le public demandait aux auteurs de l'intéresser, de lui donner du théâtre véritable. En ce temps-là, le public n'exigeait pas que ce qui se passe au soleil de la rampe fût réel, comme ce qu'éclaire le soleil de Dieu. Nous faisons grand cas de cette jolie pièce.

M. Hector Salomon a écrit une partition charmante, où l'on trouve les jolis couplets si bien chantés par Mlle Sablairolles ; un trio bouffe écrit de main de maître ; un chœur militaire excellent, et des couplets comiques que Grivot a détaillés à ravir et qui lui ont valu un *bis* enthousiaste.

C'est un acte de réelle valeur que l'*Aumônier du Régiment*. Il a mérité un très-grand succès à Hector Salomon. Beaucoup de finesse, de concision ; une sérieuse entente de la scène, des mélodies souvent originales, une orchestration remarquable ; telles sont les qualités de ce joli ouvrage.

Nous avons nommé Grivot et Mlle Sablairolles, tous les deux charmants et très-applaudis. Nommons encore Lepers qui a joué et chanté avec un grand talent le rôle très-difficile de l'Aumônier, et M. Gresse, très-bien dans celui du vieux grognard.

Jules RUELLE.

LE NOUVEAU JOURNAL,
samedi 15 septembre.

M. Hector Salomon a déployé une grande souplesse de talent dans l'*Aumônier du Régiment*. Sa musique est franche, spirituelle et facile à retenir, ce qui est une grande garantie de succès. La Ronde de l'aumônier, chantée par M. Lepers, deviendra certainement populaire. Quant à Mlle Sablairolles, il n'y a que des compliments à lui adresser. Il faut lui entendre chanter les jolis couplets: *Ce bon garçon est un peu bête.* Ces choses-là ne se racontent pas.

Ce qui est bien charmant encore, ce sont les couplets: *Un beau jeune homme très-complet*, dits de la façon la plus drôle du monde par M. Grivot. Cet artiste est devenu en peu de temps le trial le plus gai et le plus fin qu'on puisse imaginer. Il faut l'en féliciter. C'est si bon de rire un peu, même dans les théâtres de chant.

Robert TRIEL.

LE PETIT JOURNAL, 15 septembre.

Ce qui a tout à fait réussi, c'est l'*Aumonier du Régiment*, avec la musique alerte, vive, bien française de M. H. Salomon, musique qu'enlèvent tambour battant Grivot, — un trial exquis, — Lepers et Mlle Sablairolles, une Hollandaise qui a de la grâce comme une Parisienne.

Jules CLARETIE.

Correspondance théâtrale
De L'INDÉPENDANCE BELGE.
Paris, 15 septembre.

Le véritable succès de cette première soirée a été pour un vieux vaudeville de M. de Leuven, qui a vu le jour de la rampe pour la première fois, si je ne me trompe, il y a plus de quarante ans, au théâtre du Palais-Royal, du temps d'Achard, le père. Je veux parler de l'*Aumonier du Régiment* transformé en opéra-comique et mis en musique par M. Hector Salomon.

Certes, l'action et le dialogue de la pièce ne brillent pas

essentiellement par l'originalité ; mais, comme tout cela es plein de gaieté et d'entrain et surtout constamment scénique ! M. Hector Salomon ne s'est pas contenté d'écrire à cette occasion une série de couplets des mieux troussés, il y a joint un trio fort réussi dans le genre bouffe.

En somme, le vaudeville ou opéra-comique dont il s'agit, a été chanté avec beaucoup de crânerie par Mlle Sablairolles, par Lepers, Gresse et surtout par Grivot, qui est en train de conquérir une bonne place dans l'emploi de *trial*. *L'Aumonier du Régiment* compte bon nombre de joyeuses soirées dans son nouvel avatar. Je crois pouvoir m'en porter garant.

Georges NAZIM.

LE MONITEUR UNIVERSEL, 15 septembre.

Le Théâtre-Lyrique nous a fait assister hier soir à deux premières représentations : *Graziella*, drame lyrique en deux actes, de MM. Jules Barbier et Antony Choudens, et l'*Aumonier du Régiment*, de MM. Saint-Georges et de Leuven, et Hector Salomon.

Sur cette dernière pièce, que nous entendions il y a quelques mois aux matinées du Gymnase, M. Hector Salomon a écrit une charmante partition ; sa musique si légère redonne une vie nouvelle à ce sujet un peu vieilli, mais d'une si franche gaieté.

M. Grivot, qu'on a bissé, a eu un vériablte succès de ténor et d'acteur ; Mlle Sablairolles et MM. Lepers et Gresse ont eu leur bonne part des applaudissements.

LE TÉLÉGRAPHE, 15 septembre.

Nous pouvons constater un double succès comme poëme et musique.

M. Hector Salomon, chef de chant à l'Opéra, a pris dès hier soir possession de plein droit du titre de compositeur de bonne école française. Sa musique est vive, alerte, très-scénique, et l'expérience théâtrale lui est déjà acquise au complet. Les couplets bouffes « Un beau jeune homme très-complet », très-spirituellement interprétés par M. Grivot, ont eu les honneurs du bis; et si ce n'était l'heure avancée de la soirée, d'autres morceaux auraient eu certainement le même honneur.

Il nous faudrait beaucoup plus d'espace et de temps que nous n'en avons pour énumérer en détail toutes les jolies choses que renferme cet acte. Bornons-nous à constater avec satisfaction un franc et réel succès, mérité en tous points.

Les interprètes, M. Lepers (l'aumônier), Gresse (Robert), Grivot (Carlo), ont fait assaut de zèle et de talent.

Mlle Sablairolles est charmante dans le rôle de Marie. Nous aurions cependant désiré pour ce rôle une voix plus timbrée et plus chaude.

D. Magnus.

REVUE ET GAZETTE MUSICALES,
16 septembre.

C'est encore une pièce du Gymnase qui a fourni le sujet, et même la plus grande partie du livret de l'*Aumônier du Régiment*. Elle est si connue sous ce même titre, elle a eu tant de représentations au théâtre et même dans les salons, que nous nous faisons presque un scrupule d'allonger ce compte rendu en la racontant. Quelques lignes de résumé seulement, à l'intention des rares lecteurs pour qui le vaudeville de MM. de Saint-Georges et de Leuven serait une nouveauté.

Un petit village d'Italie est occupé par un détachement français, pendant une des campagnes de la première République. Au forgeron Carlo est échu l'honneur de loger et de soigner un vieux grognard blessé, le maréchal-des-logis Robert; la charmante fille de celui-ci, Marie, qui l'accompagne, devient bientôt la fiancée de son hôte. Survient un jeune aumônier, porteur d'un billet de logement : grand embarras, car le grognard n'a jamais pu souffrir la « calotte », surtout depuis que sa fille a été frustrée d'un héritage par le curé de son village d'Alsace. Or, l'aumônier n'est autre que le frère du curé en question; apprenant bientôt avec qui il est appelé à partager le logis du forgeron, il va faire tous ses efforts pour racheter la faute de son frère; il s'habillera en soldat afin de gagner les bonnes grâces du père Robert, il se laissera traiter par lui en futur gendre, il embrassera même sur son ordre la gentille Marie, puis il se substituera à lui et à son insu dans une mission périlleuse, d'où il reviendra blessé. Le vieux soldat, instruit enfin du subterfuge et vaincu par les procédés généreux de l'aumônier, pardonne à celui qui causa sa ruine, que le jeune abbé répare d'ailleurs en partie; il rend son estime à la soutane et donne sa fille à Carlo.

Voilà bien la bonne vieille comédie d'il y a cinquante ans. Est-ce encore un anachronisme au point de vue musical ? Non, puisque M. Hector Salomon a su écrire sur ce canevas vénérable une musique qui, sans jurer avec lui, est assez de notre époque pour qu'on puisse dire en toute vérité, et sans tomber dans un lieu commun, qu'elle le rajeunit. M. Salomon, l'un des chefs du chant à l'Opéra, aborde la scène pour la deuxième fois; il a donné en 1866 au Théâtre-Lyrique un joli petit opéra-comique, *les Dragées de Suzette*. Nous connaissons de lui plusieurs œuvres de musique de chambre bien écrites et ne manquant point d'intérêt, mais qui ne nous avaient point fait pressentir la partition d'aujourd'hui. On trouve là, en effet, non-seulement la main d'un musicien expérimenté et familier avec la scène, mais encore une remarquable fraîcheur d'idées, et le sentiment juste de ce qui convient à chaque situation. Il n'y a pas de vides, ni dans le chant, ni dans l'orchestre ; sans être recherchée, l'harmonie a parfois du piquant, et la mélodie se tient à égale distance entre les formes vieillottes de l'opéra-comique de jadis et l'indécision tonale que certains affectionnent aujourd'hui. Signalons quelques légères réminiscences, une quantité un peu excessive de marches militaires, et voilà la part du blâme faite, et bientôt faite.

Dans ce nombre de morceaux, qui sont *tous* recommandables par quelque côté, il est assez difficile de citer ; énumérons au moins ceux qui ont le mieux porté le premier soir, et que le public nous paraît avoir distingués avec quelque raison : d'abord l'ouverture, formée de deux mouvements de marche encadrant un andante qui est le motif d'une romance de l'aumônier (n° 6 de la partition), supprimée au théâtre ; puis les couplets de Marie : « Ce bon garçon est un peu bête », ceux de l'aumônier : « Aumônier du régiment » et « Soldat, v'là mon grade », les couplets où Carlo fait de lui-même un portrait des plus flattés : « Un beau jeune homme très-complet », excellente bouffonnerie qu'on a bissée, tant pour elle-même que pour la manière désopilante dont Grivot la rend ; le morceau d'ensemble (n° 8) et le finale, conclusion bien conçue et non moins bien menée.

L'interprétation de l'*Aumônier du Régiment*, si elle n'est pas parfaite de tous points, suffit du moins à l'incontestable succès de l'œuvre. Mme Sablairolles-Caisso (Marie), fort avenante mais encore un peu exagérée en ses gestes, se sert gentiment de sa petite voix et n'a plus le moindre accent hollandais. Le baryton Lepers donne un très-bon cachet au personnage de l'aumônier, et chante avec goût et correction.

M. Gresse, qui fait le vieux grognard écloppé, boite admirablement et sans jamais s'oublier. Quant à M. Grivot, il se
révèle petit à petit comme un trial, décidé à recueillir l'héritage de Sainte-Foy. Sa voix de ténor est bonne, et il la manie
très-agréablement pour quelqu'un qui n'en a pas toujours
fait son métier. Et comme il entend la charge, bien que ses
moyens ne soient pas très-variés !

Orchestre et chœurs (ces derniers tous masculins, sauf pour
un seul morceau) se comportent bien sous l'archet de M. Ma-
ton, qui fait ses premières armes sous d'heureux auspices.

La mise en scène de l'*Aumônier du régiment* ne compor-
tait aucun faste ; elle est intelligente, c'est tout ce qu'on peut
demander à la direction.

Graziella et l'*Aumônier du Régiment* aujourd'hui, la *Clef
d'or* demain, témoignent, plus que toutes les affirmations
bénévoles, de l'activité et du bon vouloir de M. Vizentini
à l'endroit des intérêts de l'art français. Nous le suivons de
nos vœux et de notre espoir, sans éprouver le besoin d'y
joindre une exhortation quelconque, car le jeune directeur
n'est pas de ceux qu'on stimule.

Ch. Bannelier.

REVUE ET GAZETTE DES THÉATRES,
16 septembre.

L'*Aumônier du Régiment* est tiré d'une vieille comédie
représentée le 1er octobre 1835 au Palais-Royal. M. Hector
Salomon a composé une musique alerte et pétillante. Les
couplets bouffes de Carlo, l'air de Marie, la romance de l'aumônier ont produit de l'effet. Mlle Sablairolles, qui est de
tous points charmante dans Marie, a eu les honneurs de la
soirée en compagnie de Grivot qui a dû bisser ses couplets.
Quant à MM. Lepers et Gresse, ils manquent de finesse et de
légèreté.

L'ÉVÉNEMENT, 16 septembre.

On sait que l'*Aumônier du Régiment* est un ancien vaudeville, écrit jadis pour l'excellent comédien Achard et représenté non au Gymnase, comme on l'a dit par erreur, mais au Palais-Royal, le 1er octobre 1835. Quelques airs nouveaux avaient été écrits pour cette pièce par le compositeur Pilati, mort récemment, mais ces airs n'étaient que des couplets sans développements ; il a fallu modifier sensiblement ce petit ouvrage pour en faire un opéra-comique.

Avec M. Hector Salomon, nous avons affaire à un musicien *pratique*, connaissant les exigences de la scène et sachant s'y soumettre, comprenant que le rhythme et la tonalité sont les conditions essentielles de son art. Ce qui manque le plus à sa partition, d'ailleurs bien écrite et bien orchestrée, quoique un peu bruyante, c'est la nouveauté des idées, et ce qu'on peut lui reprocher surtout, c'est l'abus des développement donnés à certains morceaux. Il y a moitié plus de musique dans le seul acte de l'*Aumônier* que dans les deux actes de *Graziella*, — et c'est beaucoup.

Ceci dit, il faut citer, parmi les morceaux les mieux venus, l'ouverture, qui est bien faite et bien franche, de jolis couplets de soprano, d'un tour aimable, la chanson de l'aumônier et surtout les couplets bouffes de Carlo, dont le dessin est charmant, et qui ont été dits à ravir par M. Grivot.

La pièce est d'ailleurs très-bien jouée et chantée par M. Gresse, M. Lepers et M. Grivot, excellents tous trois dans les rôles de Robert, de l'aumônier et de Carlo. Mlle Sablairolles est aimable, mais un peu lourde, dans celui de Marie.

Arthur POUGIN.

PARIS-JOURNAL, 16 septembre.

Et maintenant si nous riions un peu avec M. Grivot, et si nous nous déridions avec l'*Aumônier du Régiment* !

On ne soupire guère avec cet aumônier-là, et l'on ne pleure pas du tout. Au dénouement, Mlle Sablairolles ne meurt pas, comme la pauvre Graziella : la joyeuse commère épouse son joyeux amoureux, grâce au brave abbé qui, pour gagner les bonnes grâces du vieux grognard de père de Marie et vaincre ses refus, a été se faire à moitié tuer à sa place.

Il n'y a pas moins de 30 à 40 ans qu'on nous a déjà montré au théâtre du Palais-Royal cette variété de prêtre à la houzarde. Le type plaisait alors, il plaît encore aujourd'hui.

Il est vrai qu'il se présente à présent la musique de M. Salomon sur les lèvres, et que cette musique, sans être précisément bien originale, est franchement gaie, de bonne humeur et de joyeuse allure, et qu'elle est, par-dessus le marché, très-bien faite.

Le morceau à succès et qu'il a fallu redire hier, encore qu'il fût plus de minuit, a été les couplets d'un comique excellent : *Un beau jeune homme très-complet*, que M. Grivot a merveilleusement bien dits.

M. Lepers ne s'est pas mal tiré du rôle de l'*Aumônier*, et Mlle Sablairolles, lorsqu'elle a été débarrassée d'une peur qui lui étranglait la gorge, a très-gentiment donné la réplique à M. Grivot.

FRÉDÉRICK.

LE SOLEIL, 16 septembre.

L'*Aumônier du Régiment* a pleinement réussi, et remporté son succès, tambour battant.

Sur ce thème, d'ailleurs vif et amusant, M. Hector Salomon

a écrit une musique charmante, toute scénique et conçue dans les vraies données de l'opéra-comique français. Les couplets de la jeune fille : *Ce bon garçon est un peu bête*, ont de la grâce mélodique et une coupe spirituelle ; ceux de l'abbé : *Aumônier du Régiment, c'est un état vraiment charmant*, tout pleins de verve et d'entrain, sont soutenus par une orchestration fraîche et colorée. Le trio de l'abbé avec le vieux soldat et sa fille est fort joliment et fort scéniquement mené. La scène avec chœur : *Grand Dieu, vois sa misère !* où l'abbé Pascal va affronter le danger à la place de son hôte, est également bien faite et révèle un musicien dramatique. Mais un morceau particulièrement heureux et tout pétillant d'esprit, c'est la demande en mariage du forgeron Carlo, qui se termine par le refrain : *J'ai fait mon portrait*. Ajoutons que M. Grivot le chante d'une façon étourdissante de bonne humeur et de comique. — La pièce est jouée et chantée avec entrain, spécialement par M. Grivot et M. Lepers (l'aumônier).

Jules Guillemot.

Feuilleton de LA PRESSE,
du dimanche 16 septembre.

Place à cet excellent vivant qui s'appelle *l'Aumônier du Régiment*, un opéra-comique de bon coin, traité en maître par M. Hector Salomon. Voilà de la musique, et scénique, et vivante, et endiablée ! de l'esprit juste assez pour ne pas être prétentieux, de la gaieté sans banalité, un sentiment constant de la situation ; bref, l'expression complète d'un des côtés les plus séduisants du talent : le tact ; ce tact qui met un frein à l'imagination et l'empêche de s'égarer, ce tact qui rend l'inspiration pratique en la soumettant au contrôle salutaire des règles de la poétique du théâtre. M. Salomon m'a paru en

peine possession de lui-même : il a le parler franc, non pas
rude ; il ne sait point tergiverser, et cela est tellement vrai,
que, quand une idée lui arrive dont il n'entrevoit pas c'aire-
ment la portée, il préfère l'abandonner pour en exploiter
une autre. Comme l'a dit le poète, il énonce clairement ce
qu'il conçoit bien, et c'est vraiment plaisir que d'écouter cette
musique limpide, où les enchevêtrements de l'orchestre, encore que très-savamment combinés, n'empiètent pas sur la
clarté de la phrase chantée.

Je crois à un grand succès de musique, de pièce et d'interprétation. La chanson de l'aumônier et les couplets du
portrait, bissés par acclamations, deviendront promptemens
populaires. Les artistes, contents de leurs rôles — ce qui est
encore un éloge pour le musicien — ont vaillamment enlevé
cet acte de bonne musique. M. Lepers a l'aisance du comédien qui sait ses planches ; sa voix souple de baryton élevé
double l'élégance des jolies phrases dont son rôle abonde.
M. Gresse a dérobé à un invalide qu'il a dû rencontrer sa
crânerie et sa bonne *humeur* de vieux grognard. M. Grivot
a de l'intelligence à revendre ; il s'est improvisé chanteur et
rendrait beaucoup de points aux élèves qui ont dix ans de
Conservatoire... Mlle Sablairolles joue fort agréablement de
la prunelle ; elle chevrote si gentiment qu'on n'a pas le cou-
rage de le lui reprocher...

... J'allais oublier de vous dire que l'*Aumônier du Régiment*
n'est pas le premier ouvrage de M. Hector Salomon ; du moins
le régisseur n'a point introduit d'arithmétique dans son
annonce aux auditeurs.

Léon KERST.

LE RAPPEL, 16 septembre.

Cela n'a pas empêché M. Salomon de faire passer la sienne
par où les canards avaient bien passé. La méprise n'a pas

grande importance, la pièce n'y a rien perdu si elle n'y a pas gagné non plus ; et, tout prétexte de musique à part, il y a des choses très-franches et très-trouvées dans cette partitionnette, écrite d'une main très-experte, et plus notamment les couplets de l'aumônier, et surtout ceux du forgeron, que l'on a fait bisser.

LE PETIT PARISIEN, 16 septembre.

L'*Aumônier du Régiment* a complétement réussi.

La pièce a fait plaisir.

La partition de **M.** Salomon se recommande par de très-brillantes et très-solides qualités. C'est vif, gai, spirituel, et, par-dessus tout, scénique, ce qui n'est point à dédaigner.

Je citerai surtout des couplets délicieusement détaillés par M. Grivot, et un trio charmant.

L'orchestre est intéressant, sans lourdeur, et l'inspiration franche, sans trivialité.

Bon petit succès qui se continuera longtemps.

M. Lepers, M. Grivot, qui chante sans beaucoup de voix, mais avec un goût exquis, et Mlle Sablairolles, complètent un excellent ensemble.

Pierre DU CROISY.

LE MOT D'ORDRE, 16 septembre.

Le petit opéra-comique intitulé : *l'Aumônier du Régiment*, a une originalité. On a jusqu'à présent fait chanter bien des corps d'état sur la scène ; mais c'est, je crois, la première fois qu'on y fait chanter un curé. Un curé ! Parfaitement, et qui entre avec les couplets ordinaires :

Ah ! quel état charmant
Que d'être aumônier de régiment !

Cela a un peu surpris le public, mais ce curé est si bon enfant qu'il l'a désarmé. Il prend la place d'un vieux militaire, se fait blesser dans une expédition, dote sa fille, se conduit, en un mot, comme un véritable abbé — d'opéra-comique. Il y a dans ce livret quelques scènes charmantes, entre autres celle où Robert, le gendre de Marin, prenant le curé pour un vieux soldat, veut le marier avec sa fille, le force à l'embrasser, et ensuite veut se battre avec lui.

Le musicien, M. Salomon, a brodé là-dessus des guirlandes de mélodies très-vivantes et d'une bonne venue. Les couplets de Marin : « *On fera ce qu'on voudra* », et le trio des basses sont des morceaux excellents. Il y a encore une chose très-réussie, c'est le portrait de Carlo le forgeron, peint par lui-même ; Grivot a dû recommencer deux fois ce portrait qu'il détaille avec un double talent de comique et de chanteur.

M. Lepers chante et joue fort bien le rôle de l'abbé, et Mlle Sablairolles souligne fièrement les finesses de sa partie. C'est là en somme un gentil succès, et l'*Aumonier du Régiment* pourra prendre place à côté de tous ces petits actes du répertoire, qui sont la gloire de notre école française.

Jean Libre.

LE TINTAMARRE, 16 septembre.

L'*Aumonier du Régiment* est un vrai opéra-comique des bons faiseurs de Saint-Georges et de Leuven.

La donnée en est d'ailleurs connue pour avoir été jouée au Gymnase sous le titre de comédie.

Mais ce qu'il faut aller entendre, c'est l'alerte et charmante partition dont l'a dotée Hector Salomon, le sympathique chef du chant à l'Opéra, l'auteur applaudi des *Dragées de*

Suzette et de nombreuses mélodies appréciées de tous les connaisseurs.

Ce qui distingue surtout cette musique facile et bien en situation, c'est sa franchise d'allures et son originalité.

Citons l'ouverture avec ses joyeuses fanfares, le chœur des forgerons, bien rhythmé, les couplets de l'aumônier, ceux du portrait, un petit chef-d'œuvre que Grivot a dû bisser devant les demandes réitérées du public; l'air de Marie, le trio des baisers de l'aumônier, etc., etc.

Tout est également joli, gai, enlevant.

Le succès a été très-vif, et nous y applaudissons de grand cœur. Voilà un petit acte qui ne quittera pas de si tôt les affiches du Théâtre-Lyrique.

Mlle Sablairolles est charmante dans le rôle de Marie. Il n'y a que des compliments à adresser à MM. Gresse, Lepers et Grivot.

———

LE MÉNESTREL, 17 septembre.

Ce vaudeville, à musique, très-gentiment joué par Mlle Sablairolles, MM. Lepers, Grivot et Gresse, n'a nulle visée de réforme théâtrale et n'affiche d'autre prétention que d'être un opéra-comique du genre illustré par Scribe et Adam ; et certes, la prétention est justifiée en bien des endroits. Il y a là beaucoup de petits morceaux écrits par M. Hector Salomon d'une main leste et experte, toujours bien coupés pour la scène et pour l'effet, alors même qu'ils ne sont pas d'une nouveauté absolue. Citons au hasard les couplets militaires de l'Aumônier, le duo avec Marie, dont j'aime surtout la strette, le trio, le morceau d'ensemble en mélodrame, et surtout les couplets de Grivot, qui ont été redemandés à l'unanimité, et que cet agréable comédien, qui s'est improvisé premier trial de Paris, a dits avec une finesse de diction

et des effets de voix, s'il vous plait, qui ont fait se pamer
d'aise toute la salle.

Bref, pièce et musique de *l'Aumonier du Régiment* ont
très-agréablement complété la soirée. Toutefois, nous atten-
dons M. Hector Salomon sur une donnée lyrique plus digne
de son talent élevé et sérieux. Ses mélodies prouvent tout ce
que l'on peut espérer d'un musicien de sa valeur.

P. G.

LE CONSTITUTIONNEL, 17 septembre.

En revanche, la pièce intitulée : *l'Aumônier du Régiment*
a parfaitement inspiré M. Hector Salomon ; sur un sujet
ancien mais gai, il a composé une musique nouvelle très-
réussie. On a beaucoup applaudi un spirituel trio bouffe.
Signalons aussi les couplets de Grivot : « Un beau jeune
homme, etc. »

H. Hostein.

L'ESTAFETTE, lundi 17 septembre.

Je voudrais avoir plus de place pour parler de la partition
charmante, scénique, française, spirituelle, que M. Hector
Salomon a écrite sur *l'Aumonier du Régiment*. Voilà un tem-
pérament de théâtre qui ne sera contesté par personne, et
un début qui aura un large avenir. Franchement mélodique,
mais fuyant toujours le banal avec bonheur, M. Salomon
s'est révélé comme un compositeur qui comblera, sur la
scène contemporaine, un vide bien souvent constaté. Son
succès a été très-grand.

Par intérim,
Armand Silvestre.

LA PATRIE, 17 septembre.

On avait besoin de détendre ses nerfs après cette torpeur du « drame lyrique ». Un vieux vaudeville agrémenté de couplets, d'airs, duos et trios, de trios surtout, est venu fort à propos, pour nous ranimer un peu. M. Hector Salomon a eu le bon esprit de prendre, sans trop la modifier, la pièce de MM. de Saint-Georges et de Leuven, *l'Aumonier du Régiment*, et d'en faire un véritable opéra-comique, de ceux qu'on affecte de dédaigner aujourd'hui (*on*, ce sont les jeunes maîtres, ce n'est pas le public). C'est gai, aimable, facile à retenir, mélodique, spirituel et d'un brio endiablé — ajoutez que c'est assez bien orchestré.

Et MM. Lepers, Grivot, Gresse, et Mme Sablairolles l'ont bien enlevé, ce vaudeville-opéra-comique. M. Lepers est fort à l'aise en aumônier et en soldat, dit crânement ses couplets, et M. Grivot est désormais le meilleur trial que je connaisse. Avec cela, qu'il s'est révélé chanteur. Un trial qui chante et qui chante bien, mais c'est un oiseau aussi rare qu'un ténor à l'*ut* de poitrine.

LE SIÈCLE, 17 septembre.

Après ce long *lamento*, c'est avec un sensible plaisir qu'on a entendu se dérouler les gais refrains et les crânes chansons militaires dont se compose la partition de M. Hector Salomon, l'*Aumonier du Régiment*. La pièce est connue. On l'a cent fois applaudie au Gymnase avant que M. Salomon songeât à l'habiller d'harmonies pimpantes, lestement coupées à sa taille. On l'applaudira longtemps encore dans ses nouveaux atours d'opéra-comique, qui lui vont à merveille. Ajoutons que cet aimable lever de rideau, — qui a été l'autre

soir un si heureux baisser de rideau, — est rondement joué
et chanté par MM. Lepers, Gresse, Grivot, et Mlle Sablairolles. Grivot surtout est très-divertissant dans son rôle du
plus poltron et du plus prétentieux des maréchaux-ferrants.
Il a chanté les couplets : *Beau jeune homme très-complet*, avec
esprit et une bonne humeur qui a gagné toute la salle. Voilà
Grivot passé à l'état de trial, et l'héritage de Sainte-Foy n'est
plus à prendre.

Oscar COMMETTANT.

LA RÉPUBLIQUE FRANÇAISE,
du 17 septembre.

Ajoutons, enfin, qu'un vieux vaudeville célèbre, *l'Aumonier du Régiment*, a été mis tout en musique nouvelle par
M. Hector Salomon, et qu'il a obtenu un succès franc.

Certains couplets, fort bien dits par Grivot, ont été applaudis à outrance.

Jean BERTRAND.

LE COURRIER DE FRANCE, 17 septembre.

L'*Aumonier du Régiment* est la transformation en opéra-
comique de cette petite pièce qui a eu beaucoup de succès à
l'ancien Palais-Royal, du temps d'Achard, et que le Gymnase
a reprise dans ses matinées.

Cet amusant scénario a fourni à M. Hector Salomon l'occasion d'écrire une partition scénique, vive, originale, qui
dénote un musicien expérimenté. Les ensembles sont excellents, comme on pouvait s'y attendre de la part du chef des

chœurs de l'opéra, et, parmi les autres morceaux, on a re-marqué tout particulièrement les couplets de l'abbé :

Aumônier du régiment,
C'est un état vraiment charmant...

et ceux de la demande en mariage, qui ont été bissés et qui ont valu à M. Grivot un succès des plus vifs.

X.

Feuilleton du NATIONAL, 17 septembre.

Ni hommes, ni femmes, tous Auvergnats ! Toutes les épopées, toutes les tragédies, toutes les comédies, tous les drames finissent par être transformés en opéras-comiques, et c'est ce qui explique la nécessité de la fin du monde. C'est au temps où le roi Louis Philippe affirmait ses tendances dé-mocratiques en portant un large pantalon blanc et un para-pluie, que l'aimable comédien Achard père jouait au Palais-Royal un vaudeville appelé *l'Aumonier du Régiment*, à la fois militaire et sentimental. L'abbé Pascal, peu cagot, parois-sien du Dieu des bonnes gens, s'y montrait à la fois bon enfant et brave comme un lion. *Aumonier du Régiment, — Ah ! vraiment ! — C'est un état charmant !* car, à cette époque antédiluvienne, nul personnage n'avait le droit d'en-trer en scène sans célébrer par des couplets la profession à laquelle il est censé appartenir.

Le soldat disait : *Ah ! quel plaisir d'être soldat !* et le cha-melier : *Quelle douce vie — D'être chamelier !* Malgré une récente reprise au Gymnase, les mortels avaient en général oublié ce vaudeville ; mais celui dont le flanc saigne a meil-leurè mémoire. M. de Leuven l'a repris tout glacé dans la tombe, et M. Hector Salomon, qui, heureusement, a du vif argent dans les veines, l'a réchauffé des sons de sa musique.

Sa petite partition, gaie, alerte, souvent piquée de la tarentule, a le diable au corps et met le feu aux poudres ; voilà le brave aumônier réveillé pour tout de bon. MM. Lepers et Gresse et Mme Caisso ont joliment enlevé cet acte redevenu amusant ; quant à M. Grivot, qu'il faut mettre à part, il a été changé en un ténor qui porte son nom, et il a eu en cette qualité un succès étourdissant.

Théodore DE BANVILLE.

Feuilleton de LA DÉFENSE, 17–18 septembre.

Le Théâtre-Lyrique nous a présenté trois ouvrages nouveaux en deux jours. Il en est un qui a pleinement réussi, l'*Aumonier du Régiment* : c'est celui qui était certainement présenté en troisième ligne par la direction.

Le sujet a été emprunté par M. de Leuven à un vieux vaudeville de M. de Saint-Georges. Un aumônier est présenté comme un homme brave, capable de tous les dévouements et de toutes les générosités. A force de vertu, et dans une position assez scabreuse, il impose le respect au public d'abord, et aussi à un vieux troupier qui n'aime pas les « hommes noirs ». Nous n'aimons pas beaucoup les aumôniers d'opéra-comique qui chantent avec accompagnement de trompette et de tambour :

Etre aumônier de régiment
C'est un état charmant...

Et pourtant celui-là, à part les flonflons, garde tant de dignité, il est si héroïque que nous lui pardonnons ses couplets.

La partition de M. Hector Salomon est vive, alerte, pimpante, sans prétention, parfaitement interprétée par MM. Lepers, Gresse, Grivot et Mlle Sablairolles.

Sans prétention, quel mérite, et qu'il est rare !

D. M.

LE TEMPS, 18 septembre.

La partition n'est pas le « premier ouvrage » de M. Hector Salomon, d'abord parce que ce compositeur a fait jouer au Théâtre-Lyrique de la place du Châtelet les *Dragées de Suzette*, ensuite parce qu'on reconnaît dans sa musique une main exercée. Auber et Ambroise Thomas semblent être ses dieux, pour l'opéra-comique du moins ; mais il y a dans sa partition beaucoup de verve, de gaieté, et des effets comiques tellement bien accusés qu'il faudrait un chanteur de la dernière maladresse pour les manquer. Aussi la musique a-t-elle eu incontestablement une grande, peut-être même la majeure part dans le succès.

Presque tous les morceaux méritent une mention. Il y a d'abord le chœur des forgerons et les couplets de Marie ; M. H. Salomon supprime ou étouffe les *e* muets quand ils ne cadrent pas assez avec la mélodie et il trouve une grande partie de ses effets comiques dans la prosodie et la déclamation ; c'est un des mérites des couplets de Marie. J'ai dit que l'aumônier se déguise en soldat ; ce n'est qu'à sa première entrée et dans la scène finale qu'il porte son costume noir. En entendant les couplets qu'il chante en arrivant, on parierait que c'est un soldat déguisé en abbé ; car ces couplets conviennent mieux à un tambour-major ou à un sergent recruteur qu'à un ecclésiastique. Je passe le duo de Marie et de l'aumônier, pour arriver aux couplets bouffes de Carlo, qu'on a redemandés à Grivot et qui méritent de prendre rang à côté des couplets de Marie.

A la seconde entrée de l'aumônier, l'air de quadrille est

bien placé et donne au personnage la crânerie voulue. La romance que doit chanter l'aumônier est supprimée à la scène avec raison ; il vaut mieux glisser sur la partie triste du sujet que d'y appuyer. Le trio est long sans le paraître trop, parce qu'il est scénique et léger comme il doit l'être. Vient ensuite un chœur de soldats ; puis le finale, qui est convenablement fait ; on devrait seulement en abréger la dernière partie, l'action étant finie quand le mariage de Marie avec Carlo est décidé.

L'exécution, confiée à Lepers, Grivot, Gresse et Mlle Sablairolles, est bonne, quoique la voix de Lepers semble s'amoindrir et maintenir avec peine la justesse de l'intonation. C'est Grivot qui est le plus amusant.

J. WEBER.

LE CHARIVARI, 18 septembre.

Sur l'ancien vaudeville qui fit les délices de nos pères, M. Salomon a brodé une partition pimpante, vivante et tout à fait à souhait pour le plaisir des oreilles.

L'Aumônier du Régiment est pour le jeune compositeur un excellent début dont nous le félicitons sincèrement.

Paul VÉRON.

L'ORDRE, 19 septembre.

C'est décidément au répertoire du Gymnase que le Théâtre Lyrique emprunte des œuvres nouvelles. *L'Aumônier du Régiment* est une de ces histoires simples, touchantes et sentimentales comme on en écrivait il y a quelque trente ans, mais comme on les dédaigne aujourd'hui.

Nous croyons inutile de les rappeler ici. Ce qu'il importe de savoir, c'est que sur ce petit drame, rempli d'une émotion continue et communicative, M. Hector Salomon, dont le silence après les *Dragées de Suzette*,

un petit opéra-co mique traité avec science et habileté, et représenté jadis, non sans succès, à l'ancien Théâtre-
Lyrique, nous avait paru inexplicable, a brodé une musique
alerte, vive, avec quelques prétentions aux allures militaires.
Je n'en prends pour témoin que l'ouverture où le compositeur,
après un allegro fort élégamment traité, a immédiatement
donné la parole aux tambours et aux trompettes. Il y a, du
reste, de l'entrain, du brio dans cette marche, qui termine
une page musicale d'une facture élégante et qui prélude au
chœur des forgerons, d'une sonorité très-bien venue. Nous
aimons moins les couplets de Marie au premier acte, conçus
et écrits dans un style quelque peu trivial ; mais, en revanche,
il y a de l'esprit et du meilleur dans ceux de l'aumônier. Les
couplets bouffes de Carlo résonnent sur une note comique
très-réussie. Ils sont surtout délicieusement chantés par
Grivot, dont le succès dans l'emploi de ténor comique est décidément un fait accompli. Le trio entre Marie, son père et
l'aumônier, et dans lequel ce dernier reçoit, de la part de
Robert, des propositions conjugales, est traité avec esprit et
gaîté. La musique fait ressortir avec grâce le piquant de la
situation. Nous abandonnerions le duo qui précède entre
Marie et l'abbé Pascal, et dont la phrase nous semble vulgaire et mal exprimée, si le motif n'était racheté par le délicieux dessin d'orchestre qui l'accompagne. Le petit chœur
des soldats, écrit dans un mouvement de marche, est un
petit bijou de mélodie et d'orchestration.

Edouard NOEL.

Feuilleton de la GAZETTE DE FRANCE,
du 19 septembre.

L'*Aumônier du Régiment* n'est qu'un vieux vaudeville de
MM. de Leuven et de Saint-Georges, rajeuni par la musique
de M. Hector Salomon, le directeur du chant à l'Opéra.

Le vaudeville avait obtenu un grand succès au Palais-Royal, grâce surtout au talent du vieil Achard. La partition de M. Salomon lui fait comme une seconde jeunesse. Elle est charmante cette partition et fait feu des quatre pieds. C'est coquet, vif, mélodieux, bien troussé, amusant sans prétention et extrêmement bien en scène. Cela scintille et pétille, séduit et fait rire, attendrit presque, désarme les pédants et met en joie le vulgaire. C'est agréable pour tout le monde et supérieurement fait pour inspirer les interprètes.

Aussi tous les interprètes de l'*Aumônier* sont dignes d'éloges. — Signalons en particulier M. Lepers, un chanteur de premier mérite et un comédien parfait, à qui l'on rendra bientôt pleine justice et qui brillera au premier rang de nos artistes lyriques.

SIMON BOUBÉE.

JOURNAL DES DÉBATS, 19 septembre.

L'*Aumônier du Régiment* est un vieux vaudeville qui dans son temps eut beaucoup de succès. MM. de Saint-Georges et de Leuven en ont fait un livret d'opéra-comique que M. Hector Salomon a mis en musique il y a une quinzaine d'années; ce qui prouve que les compositeurs attendent quelquefois leur tour plus longtemps qu'ils ne voudraient. Enfin le tour de M. Salomon est venu. Sa partition est facilement écrite; elle a de la verve, une verve un peu vulgaire parfois; mais, entre maréchaux-ferrants et chasseurs de la garde, il est tout naturel que les choses se passent « à la bonne franquette » et militairement. Les couplets du forgeron Carlo ont été bissés; ce qui fait qu'au lieu de deux il y en a eu trois. Le premier chœur a de l'entrain; le trio entre l'abbé, le maréchal-des-logis Robert et sa fille, est fort bien écrit; chansons de soldats, chansons d'aumônier et couplets de fiancée, tout cela, je l'ai déjà dit, est plein de verve et rondement mené par un musicien qui a étudié les grands maîtres mais qui trouve qu'Adolphe Adam avait du bon.

Un mot d'éloge bien mérité à MM. Grivot, Gresse, Lepers et à Mlle Sablairolles.

E. REYER.

L'ART MUSICAL, 20 septembre.

L'*Aumônier du Régiment* est un acte intéressant et bien fait.

La musique d'Hector Salomon a plu davantage que la pièce ; c'est du bon, du franc opéra-comique, écrit avec beaucoup de conscience et un remarquable talent ; M. Salomon n'a rien esquivé ; il n'a altéré le caractère d'aucune situation par de prétentieux développements musicaux. Il a fait un véritable opéra-comique dans lequel la mélodie abonde, souvent originale, toujours vocale et claire. Un grand succès a récompensé le musicien, succès qui fait prévoir que l'*Aumônier du Régiment* fera son chemin. Complimentons Lepers, chargé d'un rôle très-difficile, et Grivot, qui a fait bisser de très-gentils couplets comiques.

G. STRADINA.

PARIS-THÉATRE, 20 septembre.

Trois pièces nouvelles ont fait les frais de réouverture du Théâtre-Lyrique ; malheureusement, à part un joli lever de rideau : *l'Aumônier du Régiment*, où la musique facile et bien française de M. Salomon a été applaudie, nous n'avons qu'à constater de désastreuses tentatives.

F. JAHYER.

COMIQUE-FINANCE, 20 septembre.

Réouverture brillante de l'Opéra-Lyrique. — *Première
bataille : Graziella*, de Barbier, musique de *Choudens*. —
Livret un peu terne, musique se rapprochant des chants
d'église, mais parfaite exécution de la part de Valdéjo et
Troy, et de mademoiselle Vergin, ravissante en Napolitaine.
Grand succès avec l'*Aumônier du Régiment*, pièce du Gymnase remise à neuf par M. de Leuven. — M. Hector Salomon
a écrit une musique vive, légère, facile à retenir. C'est un
très-heureux début. Lepers, Gresse et mademoiselle Sablairolles ont bien enlevé la pièce. Mention toute particulière
au nouveau trial Grivot, qui a dû recommencer l'énuméra-
tion de ses avantages physiques et de ses qualités morales.
Cette chanson, fort gaie, sera bientôt répétée par tout le
monde. — *Deuxième bataille* attendue avec une vive impa-
tience.

De Monbenja.

L'ILLUSTRATION, 22 septembre.

Décidément nos librettistes n'ont plus l'ombre d'imagination. Encore une pièce empruntée au roman ou au répertoire passé. Et de trois. Celle-là, *l'Aumônier du Régiment*,
est un charmant vaudeville qui nous a bien diverti dans
notre jeunesse, au temps où Achard faisait retentir le petit
t héâtre du Palais-Royal de sa bonne humeur et de sa gaieté.
Un musicien d'esprit et de talent a rajeuni de sa musique
cette vieille histoire pleine de rires et de larmes. M. Hector
Salomon, l'auteur d'un acte des plus remarquables, *les
Dragées de Suzette*, a écrit sur cet *Aumônier du Régiment*
une partition pleine de verve, dans laquelle nous avons

applaudi les couplets de l'aumônier « *Aumônier du Régiment et Soldat, v'là mon grade* » et les couplets de Carlo, « *Un beau jeune homme très-complet* », que Grivot dit d'une manière si bouffonne. MM. Lepers, Grivot, Gresse et Mme Sablairolles ont lestement enlevé cet acte qui restera au répertoire.

SAVIGNY.

LE MONDE ILLUSTRÉ, 22 septembre.

L'*Aumônier du Régiment* a fini la soirée en y apportant quelque gaieté. C'était un vaudeville, plus catholique que voltairien, qui avait été joué, en 1835, au Palais-Royal, par Achard, Lhéritier et Alcide Tousez. Accommodé en opéra-comique, il amuse encore.

Les auteurs ont imaginé un abbé Pascal qui, pour accomplir une action d'éclat devant l'ennemi, prend l'uniforme des grenadiers de son régiment. Après l'avoir ainsi attifé, ils le font assaillir par toutes les tentatives de la chair, dont il triomphe d'ailleurs comme un nouveau saint Antoine. S'il n'est pas canonisé à la dernière scène, des joies plus terrestres lui sont du moins réservées : il rend à qui de droit un héritage capté par son frère dont il lave ainsi la mémoire compromise ; et puis il marie les deux amoureux de la pièce. Voilà même un cas particulier à relever : le tabellion traditionnel des dénoûments d'opéra-comique remplacé par M. le curé.

Cette ingénieuse bluette est agrémentée d'une musique légère, bien appropriée au sujet, et qui n'a d'autre prétention que de faire corps avec le livret sans en exagérer la portée. Des couplets, très-drôlement dits par le trial Grivot, y ont mis le public en joie. Les connaisseurs ont remarqué encore la franche sonorité des chœurs.

M. Hector Salomon, à qui le Théâtre-Lyrique doit ce petit acte guilleret, est chef du chant à l'Opéra. Il y tient aussi le grand orgue; et c'est lui que vous applaudissez, sans le voir, au premier acte de la *Juive*, au quatrième du *Prophète* et au cinquième de *Robert le Diable*.

Albert DE LASSALLE.

L'UNIVERS ILLUSTRÉ, 22 septembre.

L'*Aumônier du Régiment* est un ouvrage qui nous rajeunit agréablement en nous reportant par le livret et par la musique à l'opéra-comique d'il y a une trentaine d'années.

Un brave homme et un brave soldat que Robert, et qui n'a qu'une haine au monde, encore est-ce par amour pour sa fille : la haine de la soutane. Il avait une sœur ou une tante, je ne sais plus bien, dont Marie était l'héritière, et qui a laissé son bien au curé de son village : Robert, depuis ce jour-là, ne peut plus entendre parler d'un prêtre sans entrer en fureur. Aussi Marie est-elle fort embarrassée, lorsque le nouvel aumônier du régiment, un garçon de très-bonne mine, se présente avec un billet de logement chez le maréchal-ferrant Carlo, où Robert blessé a été recueilli. En quel pays sommes-nous? Peut-être bien en Autriche, mais je n'affirme rien. Marie met l'abbé Pascal au courant de la situation. Et, voyez le hasard, il se trouve que le légataire de la vieille parente de Marie était le propre frère de l'abbé. Il est mort aujourd'hui: « Tranquillisez-vous, dit l'abbé à Marie, votre père me verra sans horreur. »

Quelques instants après l'abbé Pascal reparaît sous l'uniforme de soldat. Robert lui fait grand accueil, et le trouve si fort à son gré qu'il veut absolument l'avoir pour gendre. L'abbé n'ose pas dire non, de peur de brouiller les choses, et même il ne peut se dispenser d'embrasser la jeune fille, sous peine d'éveiller les soupçons de Robert. « Que le ciel me pardonne ! » dit-il après avoir embrassé. Certes le ciel lui par-

donnera à ce brave aumônier qui, voyant Marie désespérée
à la nouvelle que son père est chargé d'une mission périlleuse, prend la place du vieux soldat et se fait blesser pour
lui. Robert, vous le pensez bien, n'apprend la vérité que trop
tard. Il se met dans une épouvantable colère contre celui qui
lui a enlevé l'occasion de gagner la croix. Le voyant blessé
pourtant il s'apaise et tout finit à souhait: Marie épouse
Carlo, l'abbé Pascal dote Marie avec l'argent de la tante qu'il
a trouvé dans la succession fraternelle et Robert a la croix.

M. Hector Salomon a écrit pour la pièce de MM. de Saint-
Georges et de Leuven une musique alerte et gaie qui a fort
réussi. Des couplets chantés par Carlo ont été bissés et
j'aurais volontiers pour mon compte fait répéter l'ensemble
qui précède la sortie de l'abbé Pascal partant à la tête du
détachement que Robert devait commander.

L'*Aumônier du Régiment* est fort bien joué et fort bien
chanté par Lepers, Gresse, Grivot, et Mme Caisso-Sablairolles.

GÉRÔME.

LE JOURNAL ILLUSTRÉ, 23 septembre.

L'*Aumônier du Régiment*, tout le monde le connaît; c'est
un vieux vaudeville sentimental et intéressant, qui a aussi
des scènes gaies, et dans lequel M. Hector Salomon a trouvé
moyen d'intercaler une foule de morceaux bien tournés,
chantants, amusants, et qui ont le remarquable mérite de ne
point alourdir ni déranger la pièce.

On dit que, malgré son mérite reconnu, M. Salomon a
attendu dix ans avant de pouvoir faire passer son *Aumônier* : espérons qu'après une épreuve heureuse, quelque
directeur fera à cet habile musicien l'aumône d'un livret qui
vaille la peine d'être mis en musique.

Charles DARCOURT.

LA LIBERTÉ, 24 septembre.

M. Hector Salomon n'est pas un débutant comme M. Choudens. Il a fait représenter, il y a onze ans, les *Dragées de Suzette*, opéra-comique en un acte, au Théâtre-Lyrique. Cet ouvrage attestait un vrai compositeur de théâtre. Comment se fait-il que M. Salomon ait attendu si longtemps avant de pouvoir produire sa seconde partition ? C'est d'autant plus surprenant, qu'après avoir été chef de chant au Théâtre-Lyrique, M. Salomon est entré à l'Opéra pour y remplir les mêmes fonctions. Il n'a donc cessé de vivre dans le monde des théâtres où chacun a pu apprécier son savoir musical.

Cértes, le succès obtenu par l'*Aumonier du Régiment* donne tort aux directeurs qui ont été si peu hospitaliers pour M. Salomon. Cette petite partition est écrite d'une plume alerte, vivante, avec une entente rare de l'effet scénique. Tout est à sa place, franchement conçu et franchement exécuté. De tous nos jeunes compositeurs, c'est M. Salomon qui nous paraît le mieux doué pour l'opéra-comique.

Ajoutons que, plus heureux ou plus habile que M. Choudens, il a trouvé un livret excellent. La pièce de Saint-Georges et de M. de Leuven est admirablement faite : c'est un modèle dans son genre. Après avoir été, comme vaudeville, un des grands succès du Palais-Royal, elle va recommencer une nouvelle et brillante carrière sous forme d'opéra-comique au Théâtre-Lyrique.

Les morceaux les plus applaudis de la partition ont été : le chœur d'introduction, bien rhythmé, bien sonore ; les couplets de l'aumônier, dont le refrain sans prétention est plein d'entrain ; les couplets si spirituels « Un beau jeune homme », qui ont été bissés ; le *trio* ingénieusement traité ; la marche et le chœur des soldats, où l'on reconnaît un véritable compositeur de théâtre.

M. Lepers joue le rôle de l'aumônier avec la verve d'un

comédien rompu au métier. La souplesse de son talent lui permet d'aborder avec un égal bonheur les rôles les plus divers.

M. Grivot est devenu, par la grâce de Dieu, car il ne pensait guère, en entrant au théâtre de la Gaîté, à aborder l'emploi de chanteur, le meilleur trial qu'il y ait en ce moment sur nos scènes lyriques. Il détaille avec un goût exquis et une intelligence remarquable de l'art du chant les couplets du portrait.

M. Gresse a donné un excellent caractère au rôle du grognard, et Mlle Sablairolles est gentille au possible dans celui de Marie.

Victorin Joncières.

Article de L'ENTR'ACTE, 5 octobre.

La semaine dernière une indisposition subite de Mme Sablairolles a failli arrêter pour la deuxième fois les représentations de l'*Aumônier du Régiment*. Sans la bonne volonté et le talent de Mlle Nadaud qui s'est chargée à l'improviste du rôle de Marie, le public n'aurait pas eu le plaisir d'entendre de nouveau ce charmant ouvrage dont toute la presse a constaté la valeur musicale avec une rare unanimité.

C'eût été vraiment dommage, car la partition de M. Hector Salomon se recommande par un ensemble de qualités que l'on ne rencontre pas toujours aussi nettement accusées dans des œuvres de longue haleine.

Elle mérite à tous égards d'être maintenue au répertoire courant de notre troisième scène lyrique et nous estimons que ce délicieux opéra obtiendra le même succès qu'à Paris partout où il sera représenté, sans préjudice de la vogue dont jouiront les morceaux qui en seront détachés pour être exécutés dans les concerts et les salons.

Parmi ceux-ci nous citerons les couplets de Marie :

Ce bon garçon est un peu bête...

Ceux de l'aumônier et particulièrement les couplets dans lesquels Carlo fait lui-même son portrait :

Un beau jeune homme très-complet..

dont les intentions bouffonnes sont rendues par Grivot avec un talent comique d'un effet irrésistible.

M. Hector Salomon, l'un des chefs du chant à l'Opéra, n'est pas un musicien ordinaire : il connaît à fond tout ce qui constitue l'art du compositeur; ses idées mélodiques sont aussi éloignées de la recherche que de la trivialité, et il les revêt d'une harmonie élégante toujours, et souvent piquante. Il écrit bien pour les voix et il manie l'orchestre avec une habileté remarquable ; son premier ouvrage : *Les Dragées de Suzette*, représenté en 1866, avait justement attiré l'attention sur lui; son second, l'*Aumônier du Régiment*, vient de le placer au rang des jeunes compositeurs que les directeurs de nos diverses scènes doivent encourager et sur lesquels ils ont le droit de compter.

F. Bandillon.

La troisième nouveauté qu'a donnée le Théâtre-Lyrique est un vaudeville du Gymnase dont on a fait un opéra-comique.

L'œuvre cent fois applaudie de MM. de Saint-Georges et de Leuven n'a rien perdu à cette transformation. La musique de M. Hector Salomon est, en effet, vive, sautillante, elle rajeunit ce qui peut paraître de vieillot dans le sujet de la pièce devenue *libretto*, telle une petite vieille bien gaie à qui on aurait transfusé du sang de jeune fille.

Un trio bouffe et quelques couplets ont paru particulièrement réussis ; citons ceux où Carlo, se voyant sur le point d'être supplanté par un soldat qui a une jambe de bois, fait valoir ses qualités à lui pour obtenir la main de Marie.

Voici en quels termes il détaille les charmes de sa personne :

Un beau jeune homme, etc.
(*Suivent les deux couplets.*)

Nous n'avons pu résister au plaisir de citer ces jolis couplets, d'ailleurs très-bien chantés par M. Grivot. MM. Lepers et Gresse, Mme Caisso-Sablairolles ont souvent aussi mérités d'être applaudis.

Résumons-nous — petit ouvrage, mais grand succès.

Albéric NUMA.

LE COURRIER D'ÉTAT, 6 octobre.

Nos pères ont applaudi l'*Aumônier du Régiment*, quand il n'était alors qu'un simple vaudeville, joué par Achard au Palais-Royal. — Aujourd'hui, le même *Aumônier du Régiment* a été traduit en opéra-comique par un musicien de talent, M. Hector Salomon. La pièce est très-applaudie sous sa nouvelle forme ; elle restera certainement au répertoire du Théâtre-Lyrique, où elle a été très-gaiement interprétée par Lepers et Grivot. Cette vive et sémillante partition a paru le lendemain même de la première représentation, chez l'éditeur auquel nous devons déjà *Paul et Virginie*, M. Théodore Michaëlis.

Edmond STOULLIG.

VIENT DE PARAITRE
GRAND SUCCÈS
THÉATRE-NATIONAL LYRIQUE

L'AUMONIER DU RÉGIMENT

OPÉRA-COMIQUE EN UN ACTE

POÈME DE
H. DE SAINT-GEORGES ET AD. DE LEUVEN

MUSIQUE DE

HECTOR SALOMON

PARTITION CHANT ET PIANO, NET, 10 Fr.

MORCEAUX DÉTACHÉS

Ouverture.
N° 1. Introduction (*Chœur Marie et Carlo*). « Forge, forge avec zèle! »
» 2. Couplets (*Marie*). « Ce bon garçon est un peu bête! »
» 3. Couplets de l'Aumônier. « Aumônier de régiment. »
» 4. Duo (*Marie, l'Aumônier*). « J'étais réduit à la misère. »
» 5. Couplets bouffes (*Carlo*). « Un beau jeune homme très-complet. »
» 5bis. Mélodrame et chanson de soldat (*l'Aumônier*). « Soldat, voilà mon grade! »
» 6. Romance (*l'Aumônier*). « Pardonne-moi, Robert. »
» 7. Trio (*Marie, l'Aumônier et Robert*). « Mais d'abord, consultons d'avance Marie. »
» 8. Marche et chœur de soldats (*Marie et l'Aumônier*). « Amis, voici la nuit. »
» 9. Final (*Chœur, Marie, l'Aumônier, Robert et Carlo*). « Ah! le beau trait! »
Quadrille par Arban.

PAUL ET VIRGINIE

OPÉRA EN TROIS ACTES ET SIX TABLEAUX

Poème de JULES BARBIER et MICHEL CARRÉ

Musique de VICTOR MASSÉ

Partition, piano et chant, net, 20 fr.; piano seul, 12 fr.

PAOLO E VIRGINIA

OPERA IN TRE ATTI E SEI QUADRI

Poesia di JULES BARBIER e MICHEL CARRÉ,

Tradoto di THEMINES DE LAUZIÈRE,

Musica di VICTOR MASSÉ

Partizione canto e piano, netto, 20 fr.; piano solo, 12 fr.

PAUL UND VIRGINIE

OPERA IN ZWEI ACTEN UND SECHS BILDERN

Libretto Von JULES BARBIER und MICHEL CARRÉ

Deutsch Von F. GUMBERT

Musik von VICTOR MASSÉ

Partitur für Gesang und piano, netto, 20 fr.; piano solo, 12 fr.

MORCEAUX DÉTACHÉS AVEC OU SANS ACCOMPAGNEMENT

MUSIQUE DE DANSE

ARBAN.	Quadrille.
—	Polka.
DERANSART	Quadrille.
JAVELOT	Polka.
—	Redowa.
LAMOTTE.	Valse à 2 et à 4 mains.
TALEXY	Polka-Mazurka.
WALDTEUFEL	Valse.

MUSIQUE DE PIANO

CARRÉ.	Fantaisie Facile.
GARIBOLDI	Duo Piano et Flûte.
—	Flûte, Cornet, et Piston seul.
HESS	Rêverie.
LAMOTTE.	Duo Piano et Orgue.
THÉODORE DE LAJARTE.	Sélections.
MAGNUS	Grande Fantaisie.
E. NATHAN	Duo Piano et Violoncelle.
NEUSTEDT	Fantaisie Transcription.
RENAUD DE VILBAC	Bouquet de Mélodies.
RUMMEL	Caprice à 2 et à 4 mains.
VIEUXTEMPS et MAGNUS.	Duo Piano et Violon.

7-3219 — Paris, Typ. Morris père et fils, rue Amelot, 64.

TABLE

Le Figaro	1		Le Constitutionnel	19
Le Gaulois	2		L'Estafette	19
La France	3		La Patrie	20
La Liberté	4		Le Siècle	20
Le Monde Artiste	5		La République Française	21
Le Nouveau Journal	5		Le Courrier de France	21
Le Petit Journal	6		Feuilleton du National	22
Correspondance théâtrale de l'Indépendance Belge	6		Feuilleton de La Défense	23
Le Moniteur universel	7		Le Temps	24
Le Télégraphe	8		Le Charivari	25
Revue et Gazette Musicales	8		L'Ordre	25
Revue et Gazette des théâtres	11		Feuilleton de la Gazette de France	26
L'Evénement	12		Journal des Débats	27
Paris-Journal	13		L'Art Musical	28
Le Soleil	13		Paris-Théâtre	28
Feuilleton de La Presse	14		Comique-Finance	29
Le Rappel	15		L'Illustration	29
Le Petit Parisien	16		Le Monde Illustré	30
Le Mot d'Ordre	16		L'Univers Illustré	31
Le Tintamarre	17		Le Journal Illustré	32
Le Ménestrel	18		La Liberté	33
			Article de L'Entr'acte	34
			Le Courrier d'État	36

3219 Paris. Imp. Morris père et fils, rue Amelot, 65